| 김장곤 시집 |

한 송이 들꽃

도서출판

　　　　　　　　　　　　　　　　　　　　　　　　　　　님께
....

　　함께 있으면 좋은 사람에게 이 책을 드립니다.

　　　　늘 건강하시고 행복하세요.

　　　　　　　　　　　　　　　　　　　　　　　　　　　드림
....

　　날짜 :　　　　　　년　　　　월　　　　일

* 책을 펴내면서

   들꽃처럼 초야에 묻혀 살아온 인생. 화려한 조명도, 큰 박수도 없었지만, 자연 속에서 스스로를 가꾸며 작은 존재로서의 삶을 살아왔습니다. 세상에 태어나 자라며 어린 시절의 순수함을 품고, 청춘의 불꽃을 마음껏 피우며 살아온 시간이 있었습니다. 어느덧 세월이 흘러가고, 인생의 황혼기에 접어들어 한없이 작고 보잘것없는 잡초 같은 삶처럼 보일지라도, 그 속에도 나름의 아름다움이 있었음을 깨닫습니다.

잡초는 밟혀도 꿋꿋하게 일어나고, 아무리 척박한 땅에서도 생명을 이어가며 그 자리에 뿌리를 내립니다. 그렇게 나 또한 평범한 일상 속에서 크고 작은 고난을 이겨내며 세월을 살아왔습니다. 흔적도 없이 사라져가는 수많은 사람들처럼 나도 언젠가 이 세상을 떠나가겠지만, 그 순간에도 내 삶의 자취를 조금이라도 남기고 싶습니다. 누군가의 마음에 와닿는 시 한 편, 혹은 한 구절이라도 남겨, 그 속에서 내 존재를 기억해주길 바라는 소박한 소망을 품고 글을 씁니다.

이제야 글을 배우고, 또 글을 쓰며, 나의 이야기를 기록해 나가는 이 과정은 늦은 감이 있지만, 그럼에도 불구하고 무척 소중합니다. 시간이 흐를수록 모든 것이 빠르게 변해가고, 사람들은 끊임없이 바쁘게 살아가지만, 나만의 속도로 천천히 삶의 깊이를 느끼며 글을 쓰는 이 순간이 오히려 더 값지게 느껴집니다. 나의 글이 누군가에게 작게나마 위로와 공감을 줄 수 있기를 바라며, 이 길을 끝까지 걸어가고자 합니다.

첫 시집을 출간할 수 있도록 기획과 편집에 큰 도움을 주신 서인석 대표님께 진심으로 감사의 마음을 전합니다. 그분의 도움 없이는 이 책이 세상에 나올 수 없었을 것입니다. 또한, 이 시집을 통해 나의 삶의 한 자락이라도 독자들에게 전할 수 있게 되어 기쁩니다.

2024년 11월
김장곤 작가

1부 한 알의 빛

한 잎 · 14
등댓불 · 15
가을 · 16
달맞이꽃 · 17
해넘이 · 18
새 · 19
가을 향기 · 20
낙수 꽃 · 21
달밤 · 22
창공 · 23
강정 · 24
무더위 · 25
나비야 · 26
여름밤의 별 · · · · · · · · · · · · · · · · · · 27
그대여 · 28
유리창 넘어 · · · · · · · · · · · · · · · · · · 29
비애 속삭임 · · · · · · · · · · · · · · · · · · 30
그 섬애 가면 · · · · · · · · · · · · · · · · · 32
바닷바람 · 34
저녁놀 · 35
장미꽃 · 36
물 한 모금 · · · · · · · · · · · · · · · · · · · 37
물빛 · 38
밤비 · 39
저녁달 · 40
참새 · 42

2부 들녘에 부는 바람

한 송이 들꽃 ……………………………… 44

봄날 ……………………………………… 45

노을 ……………………………………… 46

빗소리 …………………………………… 47

철쭉꽃 …………………………………… 48

봄빛 ……………………………………… 50

별들에 합창 ……………………………… 51

꽃잎이 질 때 ……………………………… 52

빗방울 튀어 오르는 ……………………… 54

매화꽃 필 때 ……………………………… 55

햇살 ……………………………………… 56

만경강가 ………………………………… 57

발걸음 …………………………………… 58

꽃망울 …………………………………… 60

옛터 ……………………………………… 61

봄맞이 …………………………………… 62

기억 ……………………………………… 63

해변 ……………………………………… 64

눈꽃 ……………………………………… 65

비행 속도 ………………………………… 66

합창 ……………………………………… 67

진주알 …………………………………… 68

모래성 …………………………………… 69

3부 세월의 향기

겨울밤 ·· 72
옛이야기 ·· 73
야경 ··· 74
나의 태양 ······································· 76
강가를 돌아 ···································· 78
옛 친구 ·· 80
고갯길 ·· 81
그대와 춤을 ···································· 82
억새꽃 ··· 83
서녘 하늘 ······································· 84
푸른 바다 ······································· 85
가을의 합창 ···································· 86
친구 ··· 87
가을비 오는 길 ································· 88
갈 바람 ·· 89
이삭 ··· 90
붉은 꽃 ·· 91
그 꽃 ·· 92
이 가을 ·· 93
초저녁달 ·· 94
날개 ··· 95
그녀 ··· 96
초가을 밤에 ···································· 98

4부 그리움의 달빛

빗물 ···································· 100
꽃구름 ································ 101
놋그릇 ································ 102
어깨에 기대어 ······················ 104
별빛 ···································· 105
꽃등 ···································· 106
운일암 반일암 ······················ 107
뱀사골 ································ 108
섬광 ···································· 110
구름바다 ····························· 111
산골 ···································· 112
새 ······································· 113
장미꽃 ································ 114
붕어섬 ································ 115
모항 ···································· 116
메아리 ································ 118
바다 ···································· 119
비가 내리면 ························· 120
들녘에 부는 바람 ················· 121
꽃놀이 ································ 122
친구 ···································· 123
꽃잎이 필 때 ························ 124

5부 바람의 온도

봄 햇살 ··· 126
비와, 바람 ··· 127
내 친구는 소리 ······································· 128
봄이 온다 ·· 130
들꽃 향기 ·· 131
해는 저물어 ··· 132
울어 해는 카나리아 ································ 133
봄 아가씨 ·· 134
찬 바람 ··· 135
시골길 ··· 136
햇살 ··· 138
눈이 오시네 ··· 139
서해 바다 ·· 140
엷은 하늘 ·· 142
겨울바람 ·· 143
꽃 등불 정원 ··· 144
찬 서리 ··· 146
푸른 하늘 ·· 147
가을이 파도를 넘어 ································ 148
산사 가는 길 ··· 149
가을밤에 ·· 150
안부 ··· 151
코스모스 ·· 152

1부

한 알의 빛

한 잎

나뭇가지 사이로
네온 불빛은 물결
흔들리는 야경

밤을 지새운다
기울고 일그러진
달도 보이지 않고

새벽이 열린다
푸른 구름인가 흰 하늘인가
고향의 먼 향수를 자아내고
동그란 열매들 매달려

그네를 탄다
한 잎 한 잎 날리는 잎새
서글피 무심히
떨어지고 오고 가는 것

적갈색 저고리로
갈아입는 나무들
힘차게 솟아오른다
맑은 하늘 향하여

등댓불

밤바다에 불 밝히고
긴 방파제 끝에 홀로 서서

까만 밤을 지새던 등댓불
아침이 오면 불빛을 잃어

푯대를 잃은 배들이
못 본 척 스쳐 가고

지친 등대
바닷바람 이슬에 젖어

수면위에 배 떠나간 자리
파도 소리만 출렁이네.

가을

붉게 익은 감
선물처럼 찾아와
풀잎에 맺힌 이슬
햇살에 반짝 빛난다

가슴 적시는 아침 안개
해맑은 웃음
서로 얼굴 마주하고

밤하늘 빛나는
별을 세며
흘러가는 세월
낙엽은 뒹굴고

어느새 찬바람
내 곁을 스쳐 가네

달맞이꽃

휘영청 밝은 달
나 그를 맞아
오래오래 꽃을 피웠으면

그대가 부르면
모든 걸 그대로 두고
달려갈게요

그대의 향기에
취하고 싶어요
밤이 새도록

귀를 열고
얼굴을 들고
그 속삭임 듣고 싶어요

나 그를 맞아
오래오래 꽃을 피웠으면

해넘이

붉은 해가 동녘에 솟아올라
비췻빛 창공에서 놀다가
푸른 숲에서 놀다가
하얀 모래사장에서 놀다가
서해 바닷물에서 놀다가

벌겋게 구름 사이에 뒹굴다가
바람 타고 뛰놀다가
나뭇가지에 걸쳐 있다가
반절만 보이다가
머리만 살짝 보이다가
서서히 사라져간다

온종일 이 세상 모든 이에게
빛과 열과 정과 희망을 주고
너의 꿈들을 모두 아낌없이 다 내어주고
아무런 대가 없이 투정도 없이

고운 얼굴 해맑게 웃는 얼굴로
푸른 바다 멀리 수평선 아래로
간다는 말 없이 그냥 그렇게 사라져간다
내일 다시 올 거지?

새

흰 날개를 활짝 펴
물 위를 나는 새여
호숫물 위에
넓은 호반을 오르는 새

창공에 오르면
높은 산 넓은 들
끝없이 펼쳐진 바다
내 마음 뛰노는 곳

용처럼 솟아오르는 분수같이
폭포수 쏟아 내리는
계곡물 백파처럼 하얗게

새여 날아가자
너의 꿈을 그리며
지난날 그대로
그와 함께 날아올라

무한한 허공에 날갯짓하며
구름 위에 꽃으로
나부끼는 깃발처럼

가을 향기

별도 달도 보이지 않는 깊은 밤
수은등 불빛만 산골길 홀로
한밤을 밝게 비추고

나 홀로 걷는 산 길가
계곡물 소리에도 밤길은 외로워
기다리는 가을 향기를 그리는
그리움으로 발길을 떼어본다

한 해가 가고
또 한 해를 보낼 때마다
가슴 가득 채울 수 없는 그 향기
가을 속에 밤바람을 헤며

새벽이 올 때까지
무심히 살아온 기나긴 날들
가을 속으로 흘러가고
나뭇잎 떨어지는 서글픈 가을 향기
살며시 더듬어 본다.

낙수 꽃

골골골 등골을 가르는
계곡 물소리

산사태 막아선 이끼 낀 절벽
젖은 나뭇잎

떨어지는 물방울
파고드는 낙수 꽃

골패인 자국마다
고인 눈물이

봉분 앞에 절을 올리는
늙은 부부의 간절한 소망

가신님 그리워 하니
이끼처럼 고여 앉은 옛 그림자

달밤

둥근달이 떠올라
진한 밤을 비춥니다
나를 위해 건네주시고
보살펴 주시던 어머니의 손길
그 손길 그립습니다

그리움만 날이 갈수록 쌓이고
달같이 그려지는 마음, 아쉽습니다
오늘 밤에도 달과 별들이
밤하늘에 빛날 때
내 마음 둘 곳 없어
이리저리 서성입니다

세월이 물 흐르듯이 흘러갈수록
그리움은 더 깊어집니다
그때는 그 정성 왜 몰랐는지
너무 어리석어 후회만 산처럼 쌓여가고
가슴이 미어져 눈물 납니다

다시 불러보고 싶습니다

창공

그는 이맘때가 되면
창문을 여는 가을의 속삭임을 듣는다
물방울 튀어 오르듯 날아가는 화살촉

가을 하늘 유리창에
부딪치는 한 방울 쇳소리
깨어지는 맑은 유리알 소리

굴러가는 청아한 물방울 소리
조약돌 사이를 물과 함께
흐르는 숨 고르는 소리

새처럼 날아오른다.
마음의 향기
떠오르는 얼굴들이 스쳐 가고
아스라이 멀어져가는 정경
여운이 꼬리를 물고

낙엽 구르는 바람 소리에도
이때가 되면 상념에 빠져 들어
푸른 창공에 몸을 적신다.

강정

허리가 굽었다고 벌써 몇 해 전부터
협착증 병명을 자랑처럼 들어왔다
그리고 보니 유리창 물결 뒤로
낯선 이가 서 있다.

바로 너였어
너만은 피해 갈 줄 알았지
주름진 길, 등이 앞으로 굽어 초라한
몇십 보를 걷기가 힘들어
벤치에 쉬었다가 걸어간다

허리가 대나무 빈속 갔다.
산등성이 너머 살아온 사연 쌓여
지게 바리로 한 짐이네
아무것도 이룬 것 없는
대나무 빈속 같은

긴 밧줄을 꼬며
조여온 나날들이 허허한
속이 빈 강정 단맛은 다 없어지고
고무 껌 같은 여기 기다리며 서성이는
무심한 그가 길을 걸어간다.
푸른 하늘 은하수 꼬부라진 길을

무더위

청춘 푸르른 초록
멋지게 살겠다고
너 근사하게 살겠다고
다짐했는데

찌들어 못난 짓만 하는
못난이가 되어가네
어설픈 생

언제나 드라마에 나오는 것 같은
그렇게 스타처럼 하루가 지고
달이 지고 한 해가 가네

봄이 가고 여름 무더위 속에서도
붉게 타오르는 해를 향하여
질기게 살겠다고

오늘도 가는 구름에게 하소연하며
깊어져 가는 여름밤 별빛
무더위 속으로 삶을 더듬어가네

나비야

바람에 너울너울 춤추는 나비야
너는 언제 나타나 여기에 왔니

꽃 피는 봄에는 꽃 찾아 날고
낙엽 물들 땐 향기에 젖어 날고

흰 눈 날리는 눈 속
얼어붙은 땅속에 웅크린 채로
생을 위해 목마르게 살아온 너

누구였는지 자신을 찾고 싶은가
어디서 왔다. 어디로 가느냐
무엇을 그리며 무엇을 생각하느냐

이제 무엇을 위해
허공을 날고 있는가
즐거운 것이냐
괴로운 것이냐

정녕
거센 바람에 흔들린다
그렇게 떠나가는 것이냐

여름밤의 별

불볕더위 피어오를 때는
작은 개울가 발을 담그고
흐르는 물소리와
숲으로 부는 바람 소리 더불어

하늘에서 총총 반짝이는
작은 별 큰 별, 밤바람 속으로
어린 마음 일어난다

별을 찾아 떠나고
수많은 별들 속에서
별빛 하늘을 바라보며
놀고 잠자고 꿈꾸고

내 고향 같은 별들의
밀어를 들으며 별빛을 따라
내게 걸맞은 삶을 속삭이며
별에서 내려다보며
걸어온 그림을 펼쳐 보이고

간직했던 이야기 하나 그리며
옛일을 회상하고
그곳에 머물러 어린 마음으로
뛰놀고 꿈꾸고 잠들고

그대여

파란 바다가 부르는
흰 구름 떠가고

초록 물들어 짙어진 오솔길
정답게 걸었던

산천 계곡물 흐르는 바람결
정답게 웃던 길

한땐 슬픔을 못 이겨
끝없이 헤매

고개 숙이던 서글픈
그 모습 서러워

텅 빈 가슴에 기대어
말없이 울었던

멀리 헤어져 이제는
서로가 그리운 그대여

푸른 하늘이 그리는 사연
떠가는 흰 구름

유리창 넘어

그곳에는 꽃이 피고 새가 울고.
태어나고 자라고,
젊음이 있고, 노래가 있고
열매가 자라고, 익어가고 떨어지고
다시 피고 지고 무르익는 내음 풍긴다

유리창 넘어 이쪽과 저쪽에
온실 속에 꽃과 야생의 꽃이
보호와 보호 속을 벗어난
실전에 야생의 삶을 즐긴다

물아래 비치는 또 다른 세상
고색 찬연한 고가처럼
연못에 비치는 물빛 풍경은
실물보다 더 아름답게 비친다
생명이 없다

야생화처럼 고도의 치열한 생
새장 속에 새, 야생의 새
곱게 핀 야생화를 본다
들에 핀 잡초 꽃이 모여 아름답다.

비에 속삭임

먹구름이 서쪽에서 밀려온다
번개가 하늘을 가르고
기다리기도 전에 번쩍 스친다

멀리서 달려온 비가 내리고
활기찬 물의 힘을 맞는다
아스팔트 위에서 물방울이 굴러간다

쏟아지는 빗방울 속을 달린다
비상등을 켜고 앞서거니 뒤서거니
초여름 무더위가 잠시나마 사그라든다

차창밖에 떨어지는 빗방울
도로 위에 굴러가는 빗방울

그래도 좋다
내리는 비 내버려두고
내 갈 길 가면 그뿐
빗방울 소리가 마음에 걸린다

빗소리가 내 마음을 흔든다.
비가 내리는데 뿌연 안갯속을 헤맨다.

멀리서 경적소리 울리며 다가와
내 곁을 스치듯 차가 지나간다
마음이 분산된다

왈츠 곡처럼 바닥에서 튀어 오르는
물방울 향연이 펼쳐져
산과 들 길가에 펼쳐지고
아름다운 선율처럼
여름에 활기찬 물의 잔치

그 섬에 가면

인라인 줄에 매달려 날아가자
바다 위로 긴 줄을 타고
짜릿한 하늘로 가자

먼 미래를 달려가는
어릿광대의 질주
철없는 인생길 한 번뿐인 길을
하늘 위로 떠나가자

선녀들도 밧줄을 타고
내려왔다는 동화의 나라
어린 소녀소년 꿈꾸는 섬,
선녀들 친구 삼아

넓은 해변 위 백사장 언덕엔
미끄러지듯 그네를 타고
하늘과 수평선을 이어주는
구름이 그리는 그림을 기억하자

태양이 서쪽으로 기울면
섬들이 미끄러져 흐르고
멀어졌다 가까워지는

수평선 위에 거친 인생길

오르락내리락 아스라이
언제나 푸르르다.

바닷바람

아픈 기억 심어 놓고
무작정 가버린 그 사람
한 번 가면 다시 오지 않는
바람길. 서풍 불어오네

먼 이국을 보는듯한
풍차 두 대가 돌고 돌고
연인들 둘이서 둘이서
넓은 해변을 걷는다

바람이 살랑살랑 불어
무심히 돌아가는 풍차
해는 저물어 서해바다 어디쯤
삼층바다 찻집

먼 수평선 창가에 펼쳐놓고
빙수 한 접시 탁자에 올려두고
나 홀로 긴 침묵을 삼킨다.

텅 빈 해변에
아무도 모르는 그 이야기만
파도에 밀려왔다 밀려간다

둘이서 나누던 아쉬움만 남겨두고
쓸쓸히 발길을 돌린다

저녁놀

황혼이 서서히
물러가고
태양이 수평선 아래로 사라지면
어둠이 대지를 물들어가는 순간
흔들리는 심상 자저 들어
고요함이 밀려오고
저 멀리에서는
벌써 빛나는 별들이
자신의 이야기를 간직하고
있다는 것을 알게 됩니다
별은 하늘에서 빛나고
우리가 남긴 이야기는
언제까지나 이어져갈
것입니다
저녁놀 수놓듯이 마음속에
별처럼 새겨질 것이다.

장미꽃

붉은빛
흐르는 장미꽃
떨어지기 전에
그 빛나는
순간을 기억하리

바람에 나부끼는
나비의 날개 달고
하늘하늘
장미는 불꽃처럼
살며시
날아오른다

물 한 모금

갈증 난다
폭발하는 붉은 태양
더위에 목마른
고추 호박 참깨 오이 상추 가지 토마토
작은 텃밭 사들어 간다

목마른 이 세상사
물 한 모금 아쉬워
스프링 쿨러 돌려
굵은 물방울 비처럼 떨구어준다

터지는 아우성
피어오르는 생기
초록이 장미 꽃비처럼 빛나는
활력을 찾는다

낮이 밤보다 길어지고
하루가 둘로 나누어
길게 간다
솟아오르는 열기

누가 이 목마름을
달래줄 것 인가

물빛

연두색 초록 잎
피어오를 때

푸르른 오월 하순
들녘은 부산하다

물논에 물빛 거울
하늘이 맑게 빛난다

흙물이 가라앉는 동안
응어리진 앙금이 시나브로 녹아내린다.

흰 새 한 마리 물가에서
조용히 들여다보고 있다

바람이 인다.
하루해가 기울어 간다.

밤비

비가 내린다
밤으로 가는 긴 여행으로 이끌고 간다

비 오는 밤은
두런거리는 소리에 잠 못 이루고

어느 비 오던 그 밤도
길 위에 둘이서 다정히 걸었던
그녀가 말없이

우산을 건네고
멀어져 가던 그 뒷모습이
둔탁한 소리로 스쳐 간다.

툭 툭 발끝에 떨어지는 빗방울
차가움에 되살아나는 얼굴

밤비는 어설프게 옛 생각에 잠기게 하고
가시처럼 쓰리게 가슴을 찌른다

새벽이 밝아오면 그래도
그곳에 다시 가 보고픈
먼 기억들이 왕관처럼

물방울 튀어 오르듯
잠자리에 서둘러 튀어 오른다.

저녁달

오월 그믐 저녁달이
둥근 박처럼 하얀 얼굴로
서물어 가는 동녘에 걸렸다

오늘따라 찾아오는 사람들
저마다 자기 일을 안고 왔다
일이 끝나면 가고 간다

분주한 하루를 끝낸 가장들
집으로 돌아가는 시간
긴 하루의 여정을 마치고

숨 쉴 겨를 없이 예쁜 아이들
만나러 손에 작은 꾸러미를 들고

저 아줌마도 이 아저씨도
식구들 기다리는 반가운 집으로 가네

멀리 저녁 종소리 울리고
오늘도 무사히 돌아가네

밝은 불이 켜지고 아이들 웃음소리
빠른 발걸음 소리

엄마 아빠 반기는 높은
외마디 소리에 마음 가볍다

저녁달은 밝은 달이되여
중천에 오르네

참새

벌레를 물고 와 들었다 놓았다

곁에 있는 데도 없는 듯이 놀다가
먹이를 물고 멀리 하우스 끝으로 날아간다

오고 가는 것
별거 아닌데

왠지 섭섭해
낯설지 않게 가까이 왔다 간다

열린 하우스 안이
자연스러워 무심히
놀러 왔나

열린 베란다 안에
참새가 들어왔네

아침에
잘 나가야 할 텐데

2부
들녘에 부는 바람

한 송이 들꽃

그가
바라보던

그 눈빛을
잊지 못한다

먼 바다를
잊고 나서야

나비는 조금씩
이해할 수 있었다

먼 하늘
환한 구름 속에

한 송이 들꽃이
피어 있었음을

봄날

감나무 잎 푸른 가지
하늘로 향하여
양팔을 활짝 펼치어

가지 사이로 비둘기
둘이 둘이 날아들어
누가 보는데도 서로서로
사랑을 나누고

여러 마리 시샘하는
봄이 푸르게 날아오른다.

오월 연둣빛 풀잎이
진초록으로 물들면
머물고 싶은 고향 생각나

주마등처럼
꿈꾸며 다가오는
꽃 그림들이 스쳐 간다.

꽃피고 지던 그 시절
마냥 그리워
그 속에 물들어

젊은 꽃들이 만발하면
봄날은 한 아름 넘치도록 푸르르다.

노을

노을이
서녘 하늘에 오르고
황혼빛이 춤춘다

강물같이 흘러가는
숨 가쁜 나날들이 쉴 새 없이 지나가고

멈추지 않는 그 사이로
한 마리 새 푸른 창공으로 날아간다

맑은 물 가득한
강가에서도 채우지 못한
물병 속에 물이 출렁인다

푸르게 피어오르는
산 숲에 나뭇잎 무성하게 차오르면

산자락 붉은 꽃잎은 화려하게 피어
기다려 달라고

풀잎 노래
노래하는 붉은 소리 새여

빗소리

간밤에 창문을 두드리는 소리 들리네
우산 속에 젖어있는 그가 오고 가네

바람 불지 않아도 찾아와
살며시 가지만 그래도 좋지

기다리는 님은 아직 오지 않네

떨어지는 빗방울
꽃잎은 지고

봄빛은 볼멘소리로
사라져 가네

나비가 날개를 접고
고운 새 처마 밑에 졸다가

노래를 접는다
오고 가는 소리 무심한 한낮

뿌연 하늘을 애처로이
바라본다.

철쭉꽃

어디선가 봄 하늘의
창문을 두드리네

춘삼월 하얀 눈꽃
봄이 온다. 별러대고

사월은 호시절
벚꽃 만발한 들길 저 멀리
꽃구름 속으로

이제는 철쭉꽃 붉은 봄빛
봄 하늘을 노크하네요

벌써 봄이 왔다고 산과 들에
오색 꽃 물들어

봄빛이 찾아왔나
호랑나비 날개를 펼치네

가까이 다가서니
저만치 혼자서 날아가고

산새가 날아와 짝을 찾는
고운 목소리로 울다 운다.

나뭇가지 사이에서
저 하늘로 날갯짓하며 홀연히 떠나가네

봄빛

철쭉꽃 만발한 꽃길로 가자
봄바람 타고
남녘에서 올라왔나

산 넘어 먼 곳에서
꽃다발 전하러 찾아왔나

붉은 꽃 연분홍
꽃잎 연지 바르고

아지랑이 곱게 핀 시골길에도
호젓한 길가에 모퉁이에도

이름 모를
어느 묘지 위에도

꽃다발 올리고
그리운 봄빛 안고

푸르게 푼 종소리
봄빛을 울리네

벌들에 합창

벚꽃, 복숭아꽃, 진달래꽃,
개나리꽃, 배꽃, 매화꽃,

꽃들에 합창이 일 때
벌들도 생기가 돌고 벌들도 웃는다

꽃과 꽃 사이를 넘어
가고 넘어온다 살아간다

벌들이 왔다
벚꽃 아래위로 벌들이 날고
뛰고 춤추고 노래한다.

꽃을 들어 뒤흔든다
날갯소리로 날아와서

바람을 타고 날개를 저으며 춤추고
이곳저곳 돌고 꽃잎과 꽃술을 돈다

벌들이 몰려와 날으는 소리로
벚꽃 나무를 들어 올린다

어젯밤엔 벚꽃이
그래서 벚꽃이 뿌리가
통째로 뽑혔던 거야

꽃잎이 질 때

벚 꽃잎이 날리면
나비의 생이 열린다

일초의 정적이 흐르고
한 잎 날리는 사이 막이 열린다

또 한 잎이 떨어지는 사이
나뭇가지 사이로 꿀벌이 날고 춤춘다

무수히 꽃비가 내리는 찰나
햇살이 비추고 무지개가 인다

꿈 많은 지난날이 펼쳐지고
바람결에 꽃잎이 질 때

별들이 하늘에 뜨고 지고
강물이 흐른다

잠시 눈을 감고
생각에 젖어 한 잔의 술을

마시는 동안
꽃잎은 떨어지고 시들어 버려

세상 속으로 나와
물안개 되어
꽃비가 내린다

꿈은 깨어지고 길가에
무수히 깔린 꽃잎을 밟고 지나간다

그저 지나가는 그 속으로
전이 되어 다시 시간이 흘러간다.
꽃잎이 질 때까지

빗방울 튀어 오르는

봄비에 빗방울 펄쩍 튀어 오른다
너는 날개 없는 청개구리

꽃잎이 눈앞에 파르르 떨리는
바람결에 날리듯 나부끼고

풀잎에 맺힌 아침 이슬 봄빛 타고
맑게 곱게 빛나는 것이다

별빛같이 이름 없이
하늘에 떠올랐다

꼬리를 감추고 스러지고
목마는 그저 방울 소리 울리며
반짝 왔다가 사라지는 것이다

하얀 목련꽃 가지위에
춤추며 돌며 제 흥에 겨워
떠나가는 생이다

종소리 울려 귀 기울이는
튀어 오르는 봄에

매화꽃 필 때

겨우내 젖었던 무색에
갈대꽃 파도를 넘어

눈보라 하얀빛은 떠나고
해맑은 꽃으로 봄빛은 빛난다

남녘 산수유 만발한 산동 마을엔
샛노란 꽃잎이 웃음 짓고

연분홍 꽃잎 술로 물든
매화꽃 꽃 잔치 물결은 피어나고

소녀는 가녀린 봄바람 타고
풍경소리 가벼이 날리며 봄빛을 알린다

에메랄드빛 해맑은 얼굴
파란 하늘 위에 놓고

연초록 잎새 피어오르는 온갖 생명들이
흥겹게 온마을에 춤추며 차오른다

환한 꽃들이 눈앞에
너울너울 나비처럼 찾아와

봄빛은 푸르른 꿈으로 물든다
아, 옛님도 찾아오려나

햇살

꽃이 좋아
산에서 살고

물이 좋아
호숫가에 살고

바람이 좋아
바닷가 갯마을에 살고

우리 사는 세상
너무 넓고 푸르러

햇살은 시든 가지위에서
잃어버린 꿈을

찾아서
꿈꾸며 살게 해

만경강가

만경강가 갈대숲에
잔잔한 바람이 인다

흔들리는 머리는
인사를 건네는 듯이 아는 체한다

아무도 없는 들길은
바람 소리만 들릴 뿐
해맑은 오솔길을 나 홀로 걷는다

작은 개울 구름다리 벤치 위에서
먼 도시의 풍경을 바라본다

나뭇가지 사이로 작은 물빛이 보인다
오늘따라 날으는 잡새들도 보이지 않는다

오후에 맑은 햇빛만이
친구가 되어주는 오솔길을 걷는다

내 곁에는 아무도 없다.
그래도 그냥 하루해가 간다.

발걸음

마음 둘 곳 없어
무작정 길을 걷는다

푸르른 하늘가
흘러가는 구름이라면
같이 가자고

황톳빛 들녘에
불어오는 바람이라면
함께 하자고

지천으로 깔린 잡초가
속잎을 드러내고

포도나무 가지 속으로
물이 차오르는 봄

날으는 새야
나를 두고 가더라도
다시 곧 돌아오너라

마음 둘 곳 없어도
내 고향 들녘에도
봄이 오는가보다

무심히 걷는 발걸음
푸른 봄빛을 안고 떠나간다.

꽃망울

봄비에 배를 띄운다.
보여준 그 꽃망울

눈꽃에 띄우고 바라보는
그 고운 눈빛

가거라 바람아
흘러가는 구름아

보내는 아쉬운 봄 처녀
떠가는 그리움 시리겠지만

빗소리도 차갑고
물소리도 서글퍼
봄바람에 길 떠나는 그대여

떨어지는 봄비에 올가 말까
망설이는 봄

한발은 앞에 두고
한발은 뒤에서 갈까 말까

두 마음 가슴속에 피어
꽃망울도 필까 말까
봄 처녀 속 마음은

옛터

옛날은 가고
푸른 솔 한 그루

그 터를 지키고 섰다
높고 붉은 영접과 환대

굳센 악수와 포옹은 옛일
민족의 끈은 끊기었나

무성한 풀잎만 가득한 청와 언덕
주인은 어디 가고 객이 홀로 반기는가

청기와 골패인 자국마다
빛 물이 흘러 떨어져

고대광실 상량 아래로
금빛 샹들리에만이

천장에 매달려 지난날에
상념들이 빛나건만

외로운 본가 안주인마저
속절없이 어디 갔나

봄맞이

별이 빛나고 달이 기울면
어둠이 걷히고 새벽이 찾아온다.

눈이 내리고 손이 시려 길 위에 뿌려놓은
하얀 눈꽃들이 대지를 적시면
온 마을엔 수많은 전설이 숭얼숭얼
봄맞이 가슴을 열고 피어나

은물결 춤추는 물결 위에
보랏빛 맑은 봄 향기에 젖은 꿈들이
강언덕에 푸른 초록으로 들불같이 피어난다.

태곳적부터 불어오던 바람은
산과 들에 봄 향기
은밀한 밀어들을 속삭이듯
쏟아내고 들 위에 푸르른 마음 피어오른다.

젊은 꽃들이 만발할 때면 예전에 그랬듯이
누구인가, 그 길을 걸어가고 걸어온다

햇살에 쏟아지는 무수한
생명들이 산과 들을 한가득 채우고
산새가 울고 밤이 기울면
내 마음도 바다로 흘러가는데

기억

기억해 주는 이 없어도
웃으며 살고파

나 죽고 가면
누가 나를 기억해 주지

내 곁을 스치고 간
기나긴 시간들

내 앞을 지나간
수많은 사연들

잠시 쉬어가는 생
기억해 주지 않아도

하늘을 향하여
끝나는 날까지

더불어 웃으며
살아갈 수 있으면

해변

모래밭 길을 맨발로
걷는 사람이 지나간다

오후에 티 없이 맑은 햇살
작은 벤치는 따듯하다

갯벌에서 묻어오는
갯내음 코끝은 비릿하다

갯바람 살갗에 스친다
오가는 이들 떠드는 소리

갯벌을 깨운다
멀리 나간 물빛이 아련하다

한껏 붙든다.
외로운 섬들도 동봉해서

하늘 멀리 그리움 보낸다
구름 한 점 무심히 떠간다.

눈꽃

안나푸르나 봉우리
하얀 눈꽃이 여기에 내리고 있다

션한 바람 불어와 날리는 눈꽃이
나래를 펴고 내려와

외로운 거리에
허공을 떠돌다 떨어지고 쌓이고 덥혀서

햇살에 녹아내리고
젖어서 사라져 간다

우리의 사연도 못 잊어
젖어서 시나브로 사라져 간다

하얀 소복으로 갈아입고
이 세상 끝까지 덥혔던 눈꽃들이

아무렇지도 않게 아무 거리낌도 없이
먼 고향 집 처마에 매달린 고드름
녹아내리듯 눈물로 슬머시 사라져 간다.

비행 속도

별빛 사이로 비행선 날아가는 불빛
하늘이 울리는 소리 떨어질까

깜박이며 불 밝히고 가까이 왔다
멀리 시선 밖으로 밤을 가르고 달린다

등불 꽃 정원 위를 날아간다
어두운 밤하늘을 비행 속도로

여행길 가듯
갈길 먼 사람들이 세상 끝까지 날아간다

밤바다에 바람을 밟으며
신선의 옷자락 날리며 이 밤을 이끌고 간다

깜박이며 불 밝히고
은하수 건너 낯선 공간 속으로

뜬구름 위로
허허로이 여기에 머물고 싶은 그는

합장

한 송이 들꽃이 피어나고
나비가 찾아왔다. 고요히 사라지고

시들어 떨어지고
해마다 한 겹씩 늘어가는 나이

온갖 시름이 쌓이고
갈증 나는 밤잠 설치고
어미 찾는 먼 집 송아지 울음소리

비에 젖어 때 묻은 종소리
외로이 흘러내리는
추녀에 매달린 풍경

스님의 목탁 소리
스치는 발걸음 가벼이
뿌연 안개가 인다

연꽃 위에 비치는 햇살에
불경 속으로 스며드는
기도하는 두 손

진주알

찬 바람이 불고
파아란 별빛이 그리워서

하얀 눈은 내리고
온 세상은 떠오른다

앙상한 나뭇가지 위에
걸린 별들의 이야기

도란도란 긴 고향
옛 예기 이 마을에 실려 올 때

지난여름 붉은 해가
아쉬워 해를 품어 주어

새들이 부르는 해설픈 노래
귓가에 들린다

흙 속에 흰 눈 녹아내리는
맑은 진주알 소리 들리는 듯

마음속에 간직했던
깊은 정 솟아오른다.

넓은 들 사이로 흘러가는
외로운 냇물 소리 흘러간다.

모래성

이 세상 모든 것들은
흐르는 세월 속에 사라져 갈 때
화려하게 먼지 하나로 사라져 간다

어제 붉던 뜨거운 태양도
밤하늘의 빛나는 별빛도
바닷가에 쌓은 모래성도
하얀 바닷물이 밀려왔다 밀려가듯

젊음의 발랄한 곡선도
그렇게 고왔던 춤사위도
즐거웠던 기쁨도
눈물 젖은 손수건 사연들도

두 손에 쥐었던 세상 모든 것들도
마음속에 간직했던 정든 시골길도
아무렇지도 않은 순정마저도

눈을 감았다 뜨면
먼지처럼 바람 따라 사라져 가고 있다.

텅 빈 하늘 멀리
기적소리같이 꼬리를 흔들며

미끄러지듯이 사라져 갈 때

그저 무거운 종소리만
긴 긴 여운을 남기고 깊은 울림으로
울려 퍼질 뿐

까만 밤 꽃 등불 정원
밤하늘에 꿈꾸는 꿈처럼
시나브로 사라져 간다.

3부
세월의 향기

겨울밤

겨울밤이 차오를 때까지
노래를 부릅니다

더디게 흐르는 밤에 별들은
하늘에서 빛나지만

왜 서글퍼지고 눈시울이 뜨거워 지나요
떠나버린 밤을 붙잡지 못해서

왜 바람이 불고 추워지나요.
눈이 내리고 쌓이는 건가요

이 밤이 다 가도록
이 세상은 아무렇지도 않나요
왜 달빛은 아무 말 없이 비추나요.

하얀 눈이 펼쳐진 아침이 오면
밝은 세상은 놀라 환해지나요

아! 이 세상이 끝난다 해도
안녕이라 말하지 않을 거예요

옛이야기

비에 젖은 오솔길을 나 홀로 간다

비 내린 뒤 오랜 찻집 창가에 앉자
외로움을 마신다

잊을 수 없는 옛이야기
홀로 삼키며 빗물이 흘러 내린다

시간은 어느덧 가고
창가엔 뿌연 안개

가슴에 흘러내리는 숨소리
시냇물 따라 흘러간다

구름 낀 하늘 저 멀리
눈시울 적시며 강으로 간다.

야경

먼 바다처럼 넓은 검은 들 건너
밑줄 긋듯이 펼쳐진 불빛의 하모니

밤이면 밤마다
어둠을 뚫고 꽃 등불 정원이 펼쳐진다

밤을 낮같이 일에 몰두하는
무수한 손들 위에

살아가기 위해 밤을
뜬눈으로 지새우는 외로운 불빛이 모여

고요 속에
공장 불빛 아파트 숲속 가로등들이
오늘도 야경을 한다

잠들지 않는 신호등들도
붉고 밝고 높고 굵게 심장을 깜박거린다

무언의 약속들을 지키기 위해
그들의 노고 속에
밤을 낮 삼아 어둠 속을 뜬눈으로 질주한다

먼 고향 마을에 핀 꽃 등불 정원
화려한 오케스트라가 펼쳐진다.

베란다 유리창 넘어 멀리
아래로 내려다보인다.

심장의 박동이 거기에서
크고 작은 빛으로 숨 가쁘게 다가온다

먼 고향 마을이 거기에 있다.

나의 태양

태양이 떠오릅니다
나의 태양이 떠오릅니다

오늘은 나의 태양이 떠올라
하루가 나에게 주어집니다

태양이 떠오름에
살아있고 살아 있음에

꽃잎이 피고 새가 날고
웃음과 눈물이 피어납니다

다른 이에 태양도
떠오르겠지요

그러나 오늘은
나의 태양이 타오릅니다

태양이 타오르고
하늘을 향하여 두 손 모아
기도드리고 감사합니다

보석처럼 아름답게 빛나는 태양이
온 누리를 밝혀줍니다

나에게 비치는
오직 나만의 태양

하늘을 열어주고
비춰주고 있습니다

오늘을 비춰주기에
새처럼 한없이 날아오릅니다.

강가를 돌아

전용도로를 달린다
꾸므리한 하늘이 서서히 열리며
흐리끼한 바람이 차창을 흔든다

거침없이 달리는 산업도로를 비켜
금강하구언 쪽으로 핸들을 돌린다

넓은 호수 잔물결은
마이산 분수령을 가르고
산과 들을 돌고 돌아 묵묵히 흐른다

넓은 호수는 가슴을 가득 채워준다
바람은 다시 빗방울이 석어지고
갈대만 바르르 떨고 있다.

겨울이다
쓸쓸함이 빈 들녘에 가득하고
커피숍에도 인적이 없다

나포 강변을 돌아 대아 만경강가를 달린다
빈 들녘엔 서해바다를 거처 불어오는
무심한 바람만이 달린다

해지면 달 가고 달 가면 해를 지고
거침없이 달리는 길을 가고 있다.

내일은 깨끗하고 담백하고
부드러운 바람도 불어오겠지!

옛 친구

가을에 낙엽을 밟으며
함께 하자던 옛 친구

이름도 잊어져가고
목소리마저 희미해져 가는데

별과 별 사이를 스쳐 가는 빛처럼
트럼펫 소리가 건너간다

가을밤을 두고 간 친구에
젖어 드는 맑은 트럼펫 소리가 들려온다.

별빛에 떨어지는 물방울
반짝 빛나던 목소리도
그 목탁 소리도 끊어질 듯 이어져

밤하늘에 빛나는
북극성같이 또렷한 별

해 뜨는 아침이 오면
긴 여운만 이 차가운 가슴에 남아 있어

고갯길

국화꽃 핀 고갯길을 홀로 넘는다

어제처럼 아침저녁 넘던 그 길을
이제 와 다시 서니 지난날이 그립습니다

옛 모습 사라지고 즐겁던 시절 다 지나가
흘러간 꿈들이 꿈꾸듯이 넘어갑니다

천덕산 아래 성은 골 작은 마을에
길가에 핀 하얀 꽃이 하니 서러워

걸음마다 눈앞이 흐려집니다
이 가을에 꽃향기만 하얗게 날립니다.

그대와 춤을

멀리 떠나갔던 그대가 돌아오면
밤을 지새워 아침이 올 때까지
춤을 추고 싶어요

여러 날을 꿈속에서 그리던
외로운 밤들을
그대의 품속에 들어

정원을 돌듯이 넓은 홀을
둘이서 돌고 돌아
가슴의 숨소리를 들으며

다시 그 자리에 춤을 멈추고
그대와 두 눈을 맞추고 이마에
입술을 보내고 싶어요

보고 싶었다는 말은 감추고
그대가 먼저 말해 주기를 기다릴게요

그대와 춤을
넓은 홀에 정원을 돌듯
춤을 추며 돌고 싶어요.

억새꽃

하얀 머리 어여쁜
멧새들같이

물새들 강가에
맴돌아 돈다

나부끼는 억새꽃
고운 머리에

갈바람 무심히
스치고 간다

꽃피던 그 시절
하니 서러워

추위가 찾아오면
따스한 국화꽃 향기

한 아름 안아다
덮여 들이리라

한겨울 지나가고
새봄이 올 때까지

서녘 하늘

그의 숨소리만 들어도
내 숨소리도 떨립니다

비둘기처럼 다정했던
긴 시간이
벌써 지나가고

정든 오솔길에
노을빛이 물들어 갑니다

서녘 하늘에
붉은 잎이 나부끼듯이

짧지 않은 긴 여정
따스함을 느끼며 살아온
그날그날이

예쁜 꽃잎 띄워
잔물결 위에 흘러갔습니다

정든 가슴 서로 손잡고
바람 따라 반백 년 사라져갔습니다

오늘도 노을 진
하루해가 저물어 갑니다

푸른 바다

돛을 올리고 바다로 가자
바닷물은 푸르고 하늘은 맑고 투명하다

바람이 부는 날 바람을 맞으며
쾌속선을 타고
돌고래 지느러미 보이고
파도물 튀어 오르는 거친 바다

먼 거리도 빠르게 달릴 수 있는 곳으로 나가자
바라만 보아도 가슴 터지는 곳으로 달려가자

밤이 지나고 새날이 다시 오고
너는 아느냐,
오롯이 떠오르는 태양을 향하여
해저드는 붉은 노을을 바라보며 바다로 가자

파도를 타고 물살을 가르며
내 생애 오로라가 펼쳐진다. 꿈꾸듯이
밤하늘의 빛나는 별빛

너는 아느냐
밤이 지나면 밝은 새날이 온다는 것을

가을의 합창

내 가슴을 찌르는
한 마리 새소리에

발걸음을 멈추고
주위를 돌아본다

하늘은 맑고
바람은 가볍고

옆에서 걷던
말소리 잔잔히

가슴을 울리는 멀리서
울려오는 종소리
내 마음은 떠오른다

옅은 하늘에서 푸른 하늘로

새처럼 날아다니고
싶은 마음

바람 부는 낙엽
날리는 가을

친구

야, 친구들아, 놀자
나뭇가지 이어지듯
두 손을 포개어 마음 나누고

따뜻한 체온 부둥켜안아 보고
불어오는 바람 맞아
햇빛을 향하여 웃으면서
함께 걸어가자

물빛 비치는
나무다리 위에
바라다보이는 푸른 숲과
고층 아파트 병풍처럼
어우러지고 흐드러지고

현수교 곡선같이
부드러운 나의 맘속에
너의 깊은 그리움 인다

연이목 이어지듯
연인처럼 두 손을 포개어
이어졌으면
야, 친구들아, 같이 놀자

가을비 오는 길

연기처럼 사라진 지나간 길
아름다운 상처 내며
깊은 가슴 달래며
비 오는 이 길을 살아온 나날들

코스모스 길가에
하얀 꽃 흔들리고
밭이랑 바람결 초록 위
가을비 오는 길을 간다

눈을 감아도 그려지고
생각에 젖어 드는
다정했던 친구 찾아가는 것처럼
가을비 길을 무심히 간다

짧고도 긴 빗속을
떨어지는 빗방울
차가움에 뒤돌아보는
옛 생각이 빗물처럼 스쳐 간다.

다시는 오지 않게 잊지 못할 길을
비를 맞으며 간다.

갈 바람

불어오는 곳에서 흘러가는 곳으로
갈대꽃 흔들어 늦가을 마중하고

높은 하늘
두둥실 흰 구름
강물같이 흘러간다.

물수제비 바람이
민낯으로 불어와 살갗을
미소처럼 스친다

흔들리는 잎새 사이로 정든 목소리
햇빛에 꽃피던 맑은 웃음소리 들려온다

돌아보면 어느새 보이지 않고
빈 들녘에 나무 잎새만 쓸쓸히 나부낀다.

영글어 가는 가을 열매들 물들어가려
한 겹 옷을 벗는다

애처로운 누이 얼굴
환한 웃음이 뽀얗다.

이삭

안녕이라 말하기도 전에
더운 열기를 몰고 온 해풍이
손을 흔들며 살며시 물러가고

가을바람 불어 아랫마을에서 윗마을로
이삭들 철드는 것처럼 무겁게 고개 숙인다

푸르던 들녘, 이삭으로 가득 차고
햇살은 가지 위에서 타오르던 불꽃을
조금씩 누그러뜨린다.

계절이 바뀌고 보이던 얼굴들 하나둘
보이지 않고 별빛만 반짝일 때

새롭고 싱싱한 꽃잎 같은 얼굴로 바뀌어 가고
너와 나 그 물결 따라 고요히 흘러간다

올가을 맺힌 이삭들 사라져 가면
사라져 가는 것은 언제나 아쉽고 서러워

호수 같은 가슴속에 알알이 맺혀
여물되어 되새김 한다.

붉은 꽃

흙 내음 밟고
새롭게 피어난
붉은 꽃 열정이

붉게 불같이 땅 위에
타오르고 구름 위에 올라

물 흐르듯 흘러가는
세월 속에서도
한해 또 한해 보내고
다시 피어나

바람 부는 강가에서
하염없이 나부끼며
누구에 편지를 기다리나

그 꽃

들꽃은 아름다운 정을 이끌고
그의 가슴안으로 흘러 들어간다

가을의 맑은 햇빛을 받아
이룬 땅 위에 꽃잎과 꽃향기 한양 피어오른다.

그 꽃을 예쁘고
향기롭고 그윽하게 받아들인다.

철없이 시들 줄 모르고
오래도록 그 품속에서 꿈꾸며
속삭이듯, 서로를 간직한다

그의 가슴안에서 더욱 활기차고
생동감을 찾아 천지연에 올라
푸른 하늘에 이르면

정든 고향마을 부드러운 몸짓으로
그를 안아줄 것이다.

가을 하늘, 여인의 긴 치맛자락
곡선처럼 부드럽게 슬며시 품속에 잠들 것이다.

이 가을

들판에 누워 하늘만 바라보는 이삭들
바람결에 춤추고 구월이면 포도 향기
만발하여 코끝에 저미고

후투티 밭둑에서 날아 하늘하늘 춤추며
가을을 이어간다. 고추잠자리도 너울너울 맴돈다.

지난해 밭을 열어 놓았을 때는 밭 사이 흙길에서
흙 목욕하고 작은 둥지 만들어 놓고 같은데

비닐과 그물망으로 모두 막아 놓으니
밭 밖에서 놀고 간다
웅덩이도 없애니 큰 새들도 잘 보이지 않고
고라니도 보이지 않는다

참새 비둘기 까치 밖에서 놀다 가고
장끼 암꿩 멀리서 놀다 간다.

보이지 않는 손님은 어디 갔을까
가끔 어미 소 새끼 부르는 소리 들린다
어김없이 다가오는 가을
포도 향내 가시기 전에 서둘러야겠다.

초저녁달

어느 날, 초저녁달이
구름을 열고 나와 별을 찾는다

은하수 강물 위에 마음 보내고
그대 두 눈에 눈빛 나누며

함께 하자
세상 모든 노래 불러 보냅니다
가요, 팝송, 칸 쇼네

살아온 긴 여정 정든 시골길
짧고 높고 달콤했던 고된 시간들

층층 구름 위로 오르며
에메랄드 물빛 흘러간
굴곡진 계곡 뒤돌아 보내고

천리 머나먼 길
강물처럼 무심히 흘러간다.

푸른 하늘에 구름 가듯이
노래하듯이 떠나간다.

날개

바람을 타고 오른다
천길만길 낭떠러지

허공에 올라
날카로운 눈을 번쩍인다

망설임 없이 솟구치며
숨 막히는 비행 속도

폭포수 쏟아져 내리듯
하강하는 저력

가속도의 진수
소리 없는 날개

하늘을 찢는 눈빛,
바람을 가르는 발톱

그녀

입술을 지그시 깨물고
눈빛에 조금도 요동 없이
그저 시키는 대로 받아야 한다

잔소리라기 보다는
성가시게 간섭하는 것 같은
키 높이 높은 목소리
질책하는 듯한 마음을 빠르게 보낸다

그것을 그녀는 그를 생각하는 마음이라 하기에
그는 어리석지 않게 받아줄 수밖에

반평생을 함께한 그녀에게
애틋함과 아쉬움과 온정과 연민의 정
물안개처럼 흘러온다.

천천히 가라고 멀리 가지 말라고
높은 곳에도 낮은 곳에도
비탈진 곳에도 가지 말라고

목소리 들리는 곳에
그 눈에 보이는 곳에
마음이 움직이는 곳에
그리 멀지 않은 곳에

풍겨오는 바람결같이
가까이 더 가까이
있어 달라고 하기에

곱지 않은 눈빛으로 보면서도 아주 고운
부드럽지 않은 말씨로 말하면서도 부드러운
매서운 손짓으로 쓰다듬어 주면서도 살가운
그녀의 그 가슴은

초가을 밤에

한여름 지나 풀매미
울어지친 감나무

푸른 몸집 하늘에 이고
어린 뱁새 잠들어
밤 그늘에 졸고

밤마다 귀돌이는
누구를 부르며
서글피 우는가

초가을 밤바다에
그립던 어머니

가슴 아쉽던 그때
모두 지나갔나

알알이 익어가겠지
별빛 밤하늘
나뭇가지 사이로

4부
그리움의 달빛

빗물

꽃잎이 열리려고
지루한 장마 끝에 빗물이 피어올랐나.
우산 속 같은 비닐 터널
위를 짜르르 떨어져 흘러내리는 소리는
시원하기도 하지만
다가오는 군마 소리 같기도 해서
두려울 때가 있다

어둠 속에서도
한 잎, 또한 잎 보일 듯 필 듯 말듯
꽃잎은 열리고 조금씩 꽃술이 보인다
솜사탕처럼 물러진 연약한 지반 위로
빗물이 흘러 내리면 알알이 흩어져가는 모래알

날이 갈수록 쌓이는 모래알들이 들을 이룬다.
어둠 속에서도 비는 내리고 잠 못 이루는 걸 모른다

빗소리를 타고
내 생각은 날아오르다 떨어진다
빗물이 떨어지듯이 계속 이어져 이 밤을 이끌고 간다.
지나간 내 꿈들이 새처럼 날아
오르다 떨어진 거처럼 떨어진다.

꽃구름

엉클어진 머리칼
가얄은 입술
그 모습이 고와서
꽃구름을 사모했네

틈틈이 바람 불어
곁에만 있어도 좋아
웃은 지며 기도했네

동산 위에 올라
해가 돋고 달이 뜨고
섬진강 강가에 들장미

산안개 그 얼굴 그리며
뭉게구름 어울리고
맑은 계곡 샘물 흐르네
그리운 고향 집에

놋그릇

그날도 어머니는 행상 나가시고
형들 누나들 모두 학교 일 나가고
집에는 아무도 없었다

눈이 약간 내린 겨울
하교 길엔 흰 눈 자국
물기와 조금씩 남아있는 눈 조각들이
길가에 차갑게 뒹굴고 있었다

방문을 열고 방바닥
기름 바른 아랫목 장판 위
꽃무늬 이불이 펼쳐져 있었고

그 속에 놋그릇 뚜껑을
덮은 밥그릇 속에 밥알들이
따뜻하게 들어 있었다

윗목 상보를 덮은 밥상에
약간의 반찬과 빈
얼굴들이 상위에 그려져 있었다.

따스함이 깃든 놋그릇 속에

밥알들이 허기진 내게
물밀듯이 밀려들어 왔다.

세월이 흘러
언젠가 시집간 딸에게
말했던 기억을 나는 안다

오늘도 아무도 없는 날
딸이 보내준 놋그릇 닮은
누런 스텐 놋그릇

그 속에 소리 없이 담겨진 밥알들이
입안에 들어올 때면
그 시절 생각이 입안 가득 맴돈다

꿈많은 날들이 입속에
눈물처럼 머물다 간다.

어깨에 기대어

돌, 나무, 이끼,
산 수 분경 어우러져 기대어 산다

바람의 언덕 위에 걸린
기암괴석 물, 웅덩이 산을 기대고

넓은 들녘에
천둥소리 번개 불빛
휘파람 소리 곁에서도
서로 기대어

연리목처럼 붙어 살다
어깨를 내어주고 그렇게 받고 주고

어깨동무
어린 왕자 아이들처럼
강강 수월래 하며

비에 젖은 풀잎처럼
그렇게 기대어 천년을

계곡을 흘러가는
물소리 끊이지 않고, 이어 왔다고

별빛

불빛과 어우러져
바닷물이 반사되는 것처럼
별빛이 얼굴에 느껴지고

귓가에 스치는 바람 소리
같이 놀아 달라고 장난치는 것 같은
별빛이 아롱아롱 스치고 간다

무슨 일이 없어도
어김없이 나타나 가슴속에
비쳐주는 빛나는 별

별빛을 따라가다 보면
위안을 주는 별들이 있다

부끄러워하고 헤아려 보고
아쉬워하고 응석을 부리고 싶은

별빛을
오늘도 멍하니 바라보고 있다

별은 이곳에서도
유난히 빛나는 별빛이 있다.

꽃등

촛불처럼 타오르는 장미꽃 한 송이
그 뜨거움에 얼굴을 붉힙니다

지루한 장마 끝
굵은 빗줄기 속에서도
할퀴고 흘러가는 흙탕물 속에서도
내리치는 번갯불 천둥소리 스쳐도

자리를 지키고
그 자태 그대로 한없이
뿜어내는 타오르는 불꽃

무거운 검은 구름이
하늘을 덮고 햇빛을
가로 막아서도

높고 우아함을 지켜내는 꽃 등불
온 들녘을 깨우고 있다

나 여기 있노라.

운일암 반일암

반은 하늘에 두고
반은 땅에 두고 살아왔듯이

구름 흘러가는 곳으로
바람 흘러가는 곳으로

빈손 움켜쥐고 왔듯이
빈손에 그림 하나 쥐고 가리

왔다 갔다는
흔적만 남기고 가리

머뭇거릴 필요 없이
머뭇거릴 필요 없이

곁눈 팔지 않고 살다 가리
앞만 보고 가리

친구여
그대 간 길 따라가리
먼저 가게나 뒤따라가겠네

대자대비한 높은 하늘로
나 돌아가리.

뱀사골

신나게 많은 물
구르며 내려오는 물소리
밤새 들린다

귀를 열지 않아도
자연히 들리는 물소리에
모든 생각 쓸어내린다.

기기묘묘한 돌들 위로 아래로 위로 좌로
옆으로 구르고 뛰고 자빠지고 넘어가고
소용돌이로 돌고 돌고 돌아가는 물보라
일어난다. 하얀 물보라

숨 가쁘게 돌아가는 세상
물처럼 빠르게 흐르는 것은
순간을 기다리지 않고 달려가는 마라토너

기울어진 계곡을 흘러 흘러가는데
함께 가야만 한다

바람에 흔들리는 잎새에 떨림
아름다움에 극치

나뭇가지의 연주를 만끽한다

나도 그 속에서 음악처럼 연주한다
하늘이 내려준 산과 계곡

외침처럼 들리는 물소리 단잠이 깨고
콘 닥터처럼 어우러져 흔들어 본다.

섬광

유리 파편 땅에 박혀
반사된 빛이 강렬하게 반짝이는 건
한여름들 위에 섬광

마음껏 들이킨 칠월 햇빛 같은 것

그와 걷던 길 곰곰이 생각에 잠기니
붉은 해 한 덩이 서산을 향해 가고

넓게 펼쳐진 네모난 논들 위
자로 잰 듯 반듯하게 오르는

푸르름이 초여름
물 논 위에 유리알 같이 푸르다

멀어진 그의 생각
올라오는 듯 섬광처럼 반짝 빛난다.

구름바다

구름과 바다가 부딪치는 바다
수평선이 가물가물 보이지 않네

섬들도 바다 안개 속에 묻히고
배 한 척 보이지 않는 춘장대 해변
모래사장에 인파도 끊기고 아무도 없네

비속에 떨어지는 빗방울 만이
어젯밤에 보내온 부음에 아쉬운 그 모습

아련한 미소만 떠오르네
해변에 앉은 갈매기들도
내 맘 아는 듯 고개를 떨구고

해는 저물고 날은 다 가고
별은 서럽게 안갯속을 헤맨다.

산골

선풍기 날개처럼 분주히
돌아가는 하지의 무더위
비가 오려나 후덥지근하고
끈적끈적한 낮시간

이런 때면 방랑자 되어
먼 산골짜기 하얀 조약돌 비치는
물가에서 열오른 발을 물에 담그고 싶은
작은 분심 일어날 때가 있다

맑은 바람이 등줄기를
시원하게 더위를 식혀주고
풀벌레 소리 새소리
층층이 떠가는 푸른 구름들

조약돌 위로 흐르는 물
귀를 잠들게 달래주는 물소리
발을 간지럽히며 부딪치는 물비늘
한여름 넓고 고운 시원한 바람 소리

들려주는 그런 그림 같은 산골로 가고 싶다
분수처럼 뿜어내는 맑은 바람 소리
하느님이 빌려준 그곳
내 고향 같은 호젓한 산골로 돌아가고 싶다.

새

장미꽃 자리
새 한 마리 무심히 놀다
향기에 젖어 새가 웃는다

무슨 모이인가 쪼다가
나를 바라본다
눈이 마주치는 순간
서로의 눈이 반짝 빛난다
마음이 설렌다.

날아 가야 하나 더 놀다 가야 하나
순간의 선택은 예민하다
아니구나 싶은지 자유로이
날아가 버린다
떠오르는 날개가 부산하다

가까운 하늘 빈 흔적도 없이
하늘은 넓고 끝없이 청아하다

흘러가는 부처님 같은
구름이 날아가는 새를
가벼이 품어준다

새가 되어 날아간다.

장미꽃

바람이 흘러간 들 위에
장미꽃 한 송이 피어

기다리지 않았지만
올해도 무심히 떠올라

꽃 등불처럼 들 위에
그가 머물다가 간 자리

쓸쓸함이 뚝뚝 떨어져
시들어 가겠지

계절이 깊어질수록
사무치는 서글픔 쌓이고

또다시
꽃잎이 필 때까지
기다려지고

고향마을 언덕에
꽃구름 흘러가는데

붕어섬

강가를 달린다
강물이 적어서 강가에 온 것 같지 않아
국사봉 길을 돌아 붕어섬 출렁다리로 간다

길가 울타리 밑에 붉은 덩굴장미 꽃
미소 낯설게 피어 오가는
여객들 기다리며 반기고 얼굴을 흔들어 준다

가뭄에 물이 적어 붕어섬이
물가에서 목말라 헐떡이며
물 달라 고함소리 치는데
구경 온 여객들 아랑곳없이
즐거워 출렁다리 흔들며 걷는다

비 오는 오월 마지막 연휴
차량들 몰려 만원인데 북새통 이룬다
출렁거리도록 내 마음같이
비가 흠뻑 내려줬으면 좋겠다
옥정호 산과 계곡 수려한 경치에
마음 드러내고 오늘도 즐겁다.

모항

달이 없는 초저녁
까만 밤 서해바다 조그만 항구

불꽃 등 밝혀
기다리는 펜션들이
만국기처럼 밤을 밝히고

오손도손 모여 숨 쉬고
하룻밤 쉬어 가려고
관광객들 모여든다.

그 바닷가 모래사장
산과 바다 어우러진 무한의 허공

오솔길과 둘레길 따라
맑은 공기 산새 우는 숲

밤에 우는 파도 소리
들으려는 밤의 산책

울리고 퍼지는 순간들이
반짝 빛나는 숨결 같은 폭죽놀이

철없는 가슴을 태우고
솟구쳤다 사라지는
불꽃 가루 총천연색

바닷가 밤하늘을 수놓고
사라지는 우리의 생은 마지막 불꽃

오늘도 떠나가는 방랑자
멋들어진 하루를 태우고

까만 밤하늘 환하게
수놓고 시나브로 사라져 간다.

메아리

산 돌아
들 돌아
강 건너간다.

낯선 풍경
낯선 얼굴
낯선 말씨

발길 가는 대로
마음 닿는 대로

산 위에 올라
그 이름 불러 본다

메아리 돌아오는
초라한 미련

애달파
내 맘 전해주오

언제나 여기 기다리며
서성이고 있다고

바다

바닷가에 서면
모래알같이 구르는
파도 소리 들려온다

바람 소리
여인의 치맛자락
슬픈 이야기로 펼쳐저 다가오고

갈매기들 주고받는
하늘빛 잔물결
낮은 목소리로 속삭인다

수많은 사람 중에
그대여, 바라만 보고 있어도 좋은 바다
만남은 멀어도 기다리는 순한 마음

파도 부딪치는 소리에
깊은 소용돌이 일렁이고

백 파 부서지는 아픔에
더운 가슴 쓸어내린다.

비가 내리면

빗방울 떨어지는 길을 걸으며
무슨 생각 하나, 네 마음 들여놓고
가버린 그 사람 옛 생각에 잠긴다

모래알같이 떨어지는 빗소리를 들으며
둘이서 넘던 고갯길을 나 홀로 간다

비가 내리면 우산 속에 빗속을 걷고
바람이 불면 바람을 맞으며 바람 속을 걸었다

비가 내리면 풀잎은 푸르고 꽃잎은 붉어지고
술잔 위에 출렁이는 파도, 가슴속에 깊이 감추고

정자가 보이는 찻집에서 찻잔을 사이에 두고
정겹게 나누던 이야기들 새록새록 아쉬운 시간

희미하게 잊혀져 가는 모습들
진한 생각에 고갯마루 넘어오던 그 길을 걸으며

빗속에 잠들고 빗속에 녹아내리고
빗속으로 서글피 사라져간다

들녘에 부는 바람

별이 없는 밤하늘
달무리 끼어 흐리게 비치더니
이윽고 빗소리 들린다
뿌연 하늘 같은 비가 내린다.

아침이 찾아오고
땅에 숨소리 들으려
작은 시냇물 흐르는 들녘에 선다

줄지어 솟아나는
감자, 대파, 마늘잎 짙푸른 잎새들
빗소리에 솟아오른다.

인적없는 들녘에는
친구 없는 바람만이 스쳐 지나갈 뿐,
그저 멧새 한두 마리 무심히 날아다닌다

흔들리는 포도나무 잎
파리 아는 사람이 지나가도
멀뚱히 쳐다보고만 있다

지나가는 세월
텅 빈 그림자만이 홀로 들녘에 움직인다.

꽃놀이

차창 밖 바람결에 실려 오는
풀 내음 솔 내음 꽃향기

농월정 잔 바위
물소리 솔바람 소리
정자의 기와는 옛 멋을 풍기고

남계서원 휘어진
소나무들 산자락 위에서
풍월 소리 읊는다

꽃 잔디 같은 바람 소리
산청 꽃 잔치
고향 산천 가야 옛터
하얀 무늬 새겨져
물가에도 방천에도 붉은 꽃 잔디

아이처럼 피어 있네
키 낮은 꽃 낮은 자세로 산다
땅에 붙어

친구

친구여!

유리 창가에

로즈메리 향기 오르는데

쓴 커피 한잔

마시고 가지 않으려나

이 봄

햇살이 가기 전에

꽃잎이 필 때

햇볕이 가득 부풀어 터지기 전
가슴 위 목까지 차올라
꽃잎은 허리끈을 활짝 풀어 내리고

가얇은 숨결의 떨림이
가까이 다가와 흔드는 아우성
거리의 붉은 등에 갇혔던 이웃들의
뜨거운 맥박 소리 가득 밀려온다

펄떡 튀어 오르는 물고기
지느러미를 펼쳐 보이는 날에는
초목도 몸살을 앓는다

요동치는 빛을 퉁기는
잎새들과 꽃잎에 화음이
맑은 시냇물을 건널 때
햇볕은 푸른 빛을 펼치는
나뭇잎 머리 위에 사정없이 쏟아 내린다

하늘처럼 맑은 이웃들
뜨거운 웃음 불러세우고
그 곁을 스쳐가는 바람이 꽃술을
가볍게 흔든다.

5부

바람의 온도

봄 햇살

유리창가 꽃송이들이
부스럭 몸을 뒤척이며 움직여 봅니다

로즈메리 향기가
오늘따라 더욱 싱싱하게 스며듭니다

옛 생각이 자연스레
솟아오르는 햇살에
맑게 비치는 유리창 밖
푸른 하늘엔 흰 구름 떠가고

봄빛에 목련꽃, 벚꽃, 개나리꽃
아름다움 키 재기 합니다

누구에게라도 보내주고 싶은 마음
기타 소리 퉁겨보고 불러주고 싶은 노래
입속에 속삭여 봅니다

고운 풀잎 나부끼듯
흔들리는 여운이 새들처럼

이 하늘에서 저 하늘로
뜬구름 되어 아득히 날아오릅니다.

비와, 바람

비가 오고 바람 불면
마음 둘 곳 없어, 연초록 풀포기
눈망울 터진 나뭇가지 흔들어

꽃 잔치 하려고
옆구리 흔들어 추임새 하는가

비, 바람 불면
연분홍 꽃, 붉은 꽃, 하얀 꽃
핏빛 자주색 꽃들이
요염한 자태 드러내고

외롭게 지켜온 자리마다 벌, 나비,
맵새, 비비새, 십자매, 금정조, 유혹하려
그리고 우리 눈까지 매혹하는 것을 아는가

오는 비바람 막을 수 없고
가는 비바람 붙잡을 수 없으니 누가 잡으랴

오는 비바람, 오게 두고
가는 비바람, 가게 둘 수밖에
아, 비바람 오고 가는 곳에
내 마음도 가네

내 친구는, 소리

친구가 없어 항상 허전해했는데
밭에서 전지 하면서 들어보니

참새, 뱁새, 조잘대고
비둘기, 까치·후투티, 푸닥거리고
까마귀 떼, 가 울고
꿩 목멘 소리로 암컷을 부르고
들고양 지나가고, 고라니 뛰는 소리
강아지 짖는 소리

비바람 천둥소리,
하늬바람, 높바람, 맞바람, 높새바람 불고
하늘 높이 전투기, 항공기 엔진소리,
헬리콥터 날개 돌아가는 소리

집안에 물 펌프, 세탁기, 건조기
냉장고, 도는 소리
옆 동네 공장 모터 도는 소리
돌간에서 돌 자르는 소리
경운기 움직이고 트랙터 밭 갈고
자동차 문여 닫는 소리
가끔 외국인 노동자들 고구마 감자 심으며

웃고 고함치며 부르는 높은 소리
동네 확성기, 교회 종소리
절간에 종소리

잡음 같은데 그 소리가 있었으매
안심하게 농사짓고 지낼 수 있었네
내 친구는 소리 허전함을 채우네!

봄이 온다

풀잎 위에 햇살 빛나고
버들강아지 가지 위에
눈망울로 온다

맑고 고운 구름
에메랄드빛 하늘 멀리
곱게 기지개 켜며

높은 산자락 짧아진 산 그늘
햇살 드리운 산 너머로 온다

연초록 풀잎 솟아오르는 연한 기운
바람결 겨드랑이 사이로 오는 봄

통통 튀어 오르는 물방울
봄비 내리고 버들강아지
퉁퉁 불어 오르는 눈망울로 온다.

들꽃 향기

물소리 바람 소리에
무심히 흐르는 층층 구름

소나무 그늘
벤치에 앉자 나누던
두고 온 이야기들

숨 쉬고 마주 보고
서로 웃음 웃던
술잔을 따르며 흐르던
커피 한 잔의 향을 아는가

나부끼는 잎새 위에 피는
들꽃 향기를
그대 숨소리 잊었으매

햇빛 비추는 강가에서
무엇을 그리며
애를 태우는가를

해는 저물어

저녁 하늘
기러기 떼 줄지어 날으고
해는 저물어 가는데

수많은 세월
멀리 떠난 그님은
왜 아니 오시나

기나긴 밤 지새우고
별처럼 외로운 마음
덧없이 흘러간 지금

허전함만
깊은 가슴에 남아
강물처럼 흘러가네

저녁 하늘
기러기 떼 줄지어 날으고
해는 저물어 가는데

울어 해는 카나리아

아침 해가 오를 때까지
솟아나는 연초록 잎새에도
나는 울어 해는 카나리아

별들이 불 밝히고
은하수 강물 되어
그대 창가에 마음의
노래 불러 보냅니다

별이 지고 새벽이
찾아와도 그대 그림자
보이지 않고

별빛 따라 별이 되어
가신 님 그리워
맑은 소리소리 높여
울어 해는 카나리아
별은 빛나건만

봄 아가씨

봄 아가씨 젊은 미인처럼
치마 끝 정강이에 흘리며 다가오시네

겨울 긴긴밤
그리움 떨쳐 버리고
물오르는 나무 아지랑이 사이로
봄 치맛자락 고이 날리며
살며시 다가오시네

해마다 맞는 봄 아가씨
올해도 치맛자락 한 손에 부여잡고
오지 않겠다고 추위와 강바람, 강설, 마구
내던지던 투정,
그 강물에 부리고 이제야 오시네

간직한 속마음도 그 강물에 띄워 보내고
흘러내리는 아리따운 젊은 몸짓
살며시 흔들며 춤추듯 가까이 내게 오시네

찬 바람

화살촉 같은 바람이
앞가슴 속 깊이 파고들어
찌르는 듯 아프게 한다.

뿌연 안개 펼쳐놓고 울어버릴 것만 같은
한겨울 초심이 붉은 선을 지면으로 향하여
내려가고 내려앉는다

새들도 추워서 높이 날지 않는다
들길로 낮게 날아 제 갈 길만 간다

휘날리는 눈보라가
움츠리게 하고 아쉬운 세월만
빈 하늘 위에 흐르고 흘러 서글퍼진다

하늘엔 뿌연 구름, 눈이 오려나
기다리는 손님은 아직 오지 않는다

먼 곳에서 들리는 묵직한
종소리만 고요한 들녘을 흔들어 깨운다.

시골길

소달구지 없는 시골길을 걸어간다
동네 고라실 아낙네들이
감자, 고구마, 푸성귀 일구며 걷던 길

푸르게 피어나던 감자꽃 같은
시골 마을에 그 아낙네들 어디 갔나!
돌아보면 무거운 트랙터가 무정하게 갈아엎고
돌아다니며 슬그머니 밀어내 버리고

가깝던 이웃도 이젠 멀어지고
목인사 나누던 아낙네들 한 여름날엔
찬물 한 사발씩 건네이던 정든 아낙네들

목수건 건네이며 땀을 훔쳐주던 아낙들
노닐다 노닐다 가던 정든 시골길을 걸어간다

햇살에 물방울로 튀어 올라 꽃을 피우는
아지랑이 곱게 피어나던
아리랑 고개 넘듯 넘고 넘어 가버린
그 아낙네들 그림자 보이지 않고

풀빛 고운 옷 갈아입고

하늘이 숨 쉬는 그 갈피마다
고랑 고랑 일어서던 아낙들

햇살에 물방울로 살아서 튀어 오르는
정든 시골길을 홀연히 걸어간다.

햇살

잊었는가
풀빛 곱게 피어오른 산길을
거닐다 아카시아 한가지 꺾어
슬며시 건네 이던 것을

소나무 그늘 아래서
나누던 바람 소리들
달이 가고 해가 가도
잎새마다 살아서 빛을 퉁기는 그꽃
꽃잎에 취해 물결 출렁이던 것을

누이야 들리는가
산새울던 오솔길 옆
그 얇은 시냇물 흐르던 곳
버들붕어 쌍쌍이 휘돌아 노닐던
그 물속에 반짝 빛나던
조약돌 주워 건네 이던 것을

햇살이여
풀빛 곱게 하늘이 숨 쉬던 고향 마을
언덕에 물방울로 튀어 올라 반짝
햇살에 핀 그 꽃을

눈이 오시네

북풍을 타고 시베리아에서 달려와
바람과 함께 눈이 오시네

산. 들. 강 건너
집 앞 오솔길에 사뿐히 오시네

눈을 밟으며
차가움이 발끝에 스며들 때

살아있다는 것을 발끝이
시리도록 느낀다

아이스크림을 온 누리에
뿌려놓은 달콤한 맛

더 이상 바랄 게 없는
하늘 아래 살아있는 것만으로도

찬란한 햇빛에 반사된 황홀함에
솜사탕 아름다움에, 이 순간을
순간순간으로 즐겨본다.

서해 바다

푸른 파도 넘실넘실 춤추는
먼바다를 바라본다

간간이 섬들이 아득히 깊고
넓은 품을 알린다

갈매기 날고 물결 출렁이는
먼 대양을 누비던 배들이
가르마를 타고 돌아오는 서해 바다

물고기 떼 푸른 등을
반짝이며 펄떡이고
살아 숨 쉬는 생선
바다 비린내가 묻어난다

바지 주름 하얗게
떠오르는 물갈이를
세우고 살아 움직이는
선박들이 온다

물결 춤추는 파도 위에

만선에 기쁨을 안고
오색 깃발 나부끼며 달려온다

새로운 열기를 다하여
젊음을 불태우던 시절
한없이 날고 끝없이 떠간다.

엷은 하늘

서리 내린 시린 가슴 위로
보고픈 얼굴들 국화꽃향기처럼
웃으며 닦아오고

에메랄드색 엷은 하늘이
감나무 가지 사이로 곱게 펼쳐지고

솜사탕 구름 점점이 떠가는 한 낮
태양이 밝은 웃음 웃고

들새들 이리저리 노닐다 가는데
나 홀로 태양을 마주하는 시간을 삼킨다

좋아하시던 홍시감이
까치밥으로 매달렸던 어머니

이름 모를 새들이 다 쪼아
아무것도 보이지 않네

무수히 지난날들을 더듬어
보아도 남은 건 넘치던

어설픈 잔 생각에 그리움만
신문지 쌓이듯 가슴속에 쌓이네.

겨울바람

어느 해보다 일찍 도착한 겨울이
들녘에, 잠시 머물다 간다

알맹이 거두어들인
빈 들녘엔 인적마저 끊어지고
얼음 얼고 퍼렇게 부는 바람만이
잔일에 파김치처럼 지친 몸들을
더욱 움츠리게 하는데

혼자 거두던 포도밭
참새, 뱁새, 조잘대고
까치, 고라니 추운지 모르고
노닐다 가는데 후투티 보이지 않네

홍시감을 좋아하시던 어머니
가지에 매달린 까치밥
붉은 감이 겨울 햇살에
눈이 부시도록 빛난다

구름 사이로
얼어붙은 마음을 녹이는
햇살은 잃어버린 기억을 더듬게 하고
이 겨울 차가운 바람은
무심히 허공을 스쳐 간다.

꽃 등불 정원

내 고향 바다
하늘을 날으는 신선처럼
여수의 밤이 깊어져 간다.

케이블카를 타고 동화의
나라에서 놀다 온
섬과 바다 펼쳐진 위에 꽃 등불들
집과 건물들의 네온사인
불빛을 안고 달리는 고가도로

홍등, 록등 바다를 가르는
선등들이 어둠을 밝히는 등댓불
써치 라이트 직선을 향하는 야경

언제 올 것인가 두고
오기 섭섭해서 오기 싫은 밤

달빛, 별빛,
네온사인 등불 어우러진
정원 한밤이 꺼질 줄 모른다

밤에만 살고 싶은
휘황한 불빛의 향연
머물고 싶은 꿈꾸며 살고 있는
요정들이 노는 바다
뱃전에 밤바람을 맞는다

찬 서리

입동 지난 새벽
마른기침 쿨럭이듯 흰서리 내렸다

푸르던 감자 잎이
소금에 절인 녹초가 되어 말라 간다

낙엽도 녹슨 잎으로 부스럭 부서지고
마른 숨소리 가슴 깊숙이 부서져 서늘한

길가에 핀 장미 고개를 떨구고
높고 곱던 우아함 잃어간다

그리운 사람들 발자국
감자알 박히듯 남겨두고

겨울이 오기 전에 친구처럼 따뜻한
국화꽃 향기 유리창 안에 옮겨두고

감자 두어 알 구워
우리 나누어 보면

푸른 하늘

높이 날아오르는 기러기
초겨울 푸른 하늘에

층층 구름 계단 오르는 듯
날개 출렁인다

계절이 다 가도록
그리운 사람 잊지 못하여
다가가면 저만치 멀어져 간다

볼에 스치는 바람이
그 시절로 이끌어 가고

하늘을 날아오르는 기러기
가슴속에 흔들린다.

가을이 파도를 넘어

가로수 붉은 잎이 불꽃처럼 타오르고
바람에 뒹구는 낙엽이 멀어져 간다

찬 이슬 발길에 부딪힐 때
외로움이 저절로 밀려온다

계절이 바뀌고
대지에 온기가 사라지면

그 여름 뜨겁게 스쳐 간
지난날들이 연기처럼 사라질까 봐

못내 아쉬워 내딛는
발걸음 무거워진다.

발아래 밟히는 낙엽
부서지는 소리, 으스락,

삶이 깨어지는 아픔이
바람 파도에 출렁인다.

산사 가는 길

기다리던
나뭇가지 터널 길을
가을 아침이 걸어갑니다

작은 물소리 짧은 새소리
얇게 흔드는 나뭇잎

바람 소리 어우러져
숲속에 조그만 스윙밴드가 울립니다

푸른 구름 위에 두고
커피 한잔 나눌 수 있는
좋은 뜰도 있습니다

가슴 가슴마다 숨겨놓는
외로움 털어놓기 좋은

바위벽 허물듯, 붉어져 가는 잎새에
마음 새겨 날려 보냅니다

붉은 깃발 나부끼며
기다리는 산사 단풍 든
약수 한 사발 가을을 마시고 갑니다

가을밤에

네온 불빛과 가로 등들이
나뭇가지 사이로 비춰주는
온화한 촌락 같은 저녁이 깃든다

검은 커튼이 걸쳐지고
하나둘 등불을 다는 천정에
외로운 방들이 있는 영롱한 밤길 위에

한잔에 술 앞에 모여
긴 여정 달려온 이야기
먼 내일 가야 할 말들 수 놓아보고
서로의 속마음 살며시 건네어 보는

웃음소리 쟁반 같은 달
영롱한 밤이 무르익어 깊어지는 가을밤
휘황한 달은 어느덧 구름다리 건너간다.

안부

창가에 떨어지는 빗소리가
안부처럼 들리어 편지를 씁니다

주인 없는 빈 배
떠난 뱃고동 소리 다시 들릴 리 없어

행여 찾아올까
뒤돌아보는 애태움에
하얀 종이 위에 얼굴
얼굴들 그려 봅니다

보낼 곳 멀어도
대답이 없어도
보내야 하는 마음

정겹던 시절 가고 없지만
따뜻한 이야기만 남아

가슴속에 새기며
빗소리에 실어 보냅니다.

코스모스

벼 이삭 고개 숙인
고향 녘 길가에
먼 이국에서 만난
반가운 누나 얼굴

청초한 그리움이
꽃 등불 밝히고
차창 밖 바람결에
헤설픈 웃음 흔든다

헤어짐이 아쉬워
발걸음 차며 가던
뒷모습 잊혀지기 않는

푸른 밤하늘 별빛같이
언제나 서늘한 꽃
가을 들녘에 흐느끼듯 나부낀다.

제목: 한 송이 들꽃
――――――――――――――――――

초판 1쇄 인쇄 2024년 10월 30일
초판 1쇄 발행 2024년 11월 06일

지은이: 김장곤
펴낸이: 서인석
편집 및 디자인: 서인석· 서윤희
펴낸곳: 도서출판 열린동해문학
<등록 제 573-2017-000013호>
주소; 충북 청주시 서원구 모충로 93 1층 101호
HP: 010-7476-3801
팩스: 043-223-3801
――――――――――――――――――

ISBN 979-11-986990-4-6 (03800)

　이 책의 판권은 저자와 출판사의 동의 없이 무단 및 복제를 금합니다. 파손된 책은 구입처에서 교환하여 드립니다. 이 도서의 국립중앙도서관 및 서지정보유통지원 시스템 홈페이지(http://seoji.nl.go.kr)와 국가자료공동목록시스템 (http:nl.go.kr/kolisnet)에서 이용하실 수 있습니다.